WEEKLY **WR** READER®
EARLY LEARNING LIBRARY

Grandes Personajes
Benjamín Franklin

Monica L. Rausch

Consultora de lectura: Susan Nations, M.Ed., autora, tutora de
alfabetización, consultora de desarrollo de la lectura

Please visit our web site at: www.garethstevens.com
For a free color catalog describing Weekly Reader® Early Learning Library's list
of high-quality books, call 1-877-445-5824 (USA) or 1-800-387-3178 (Canada).
Weekly Reader® Early Learning Library's fax: (414) 336-0164.

Library of Congress Cataloging-in-Publication Data available upon request from publisher.
Fax (414) 336-0157 for the attention of the Publishing Records Department.

ISBN-13: 978-0-8368-7981-0 (lib. bdg.)
ISBN-13: 978-0-8368-7988-9 (softcover)

This edition first published in 2007 by
Weekly Reader® Early Learning Library
A Member of the WRC Media Family of Companies
330 West Olive Street, Suite 100
Milwaukee, WI 53212 USA

Copyright © 2007 by Weekly Reader® Early Learning Library

Managing editor: Valerie J. Weber
Art direction: Tammy West
Cover design and page layout: Charlie Dahl
Picture research: Sabrina Crewe
Production: Jessica Yanke and Robert Kraus

Spanish edition produced by A+ Media, Inc.
Editorial director: Julio Abreu
Chief translator: Adriana Rosado-Bonewitz
Associate editors: Janina Morgan, Bernardo Rivera, Carolyn Schildgen
Graphic design: Jessica S. Swan

Picture credits: Cover, title page, pp. 6, 7, 10, 15, 17, 18 © The Granger Collection, New York; pp. 5, 9, 12,
14 © North Wind Picture Archives; p. 8 Charlie Dahl/© Weekly Reader Early Learning Library; p. 13 © Robert
Holmes/CORBIS; p. 19 Library of Congress; p. 20 U.S. National Archives and Records Administration;
p. 21 Courtesy of the Franklin Institute, Philadelphia, PA

Printed in the United States of America

1 2 3 4 5 6 7 8 9 10 10 09 08 07 06

Contenido

Portada y contraportada: Benjamín Franklin trabajó para liberar a los estadounidenses de los gobernantes británicos. También fue un autor, científico e inventor.

Capítulo 1

Un joven Ben Franklin

Un domingo por la mañana en 1723, Deborah Read miró desde su puerta hacia las calles de Filadelfia y vio a un joven raro caminando. Estaba mordiendo un pedazo grande de pan, y llevaba dos más bajo cada brazo. Sus bolsillos estaban llenos de calcetines y ropa, y se veía sucio.

© North Wind Picture Archives

Read no lo sabía, pero estaba viendo a su futuro esposo, Benjamín Franklin. Franklin acababa de llegar a la ciudad con dinero suficiente sólo para comprar pan. Sin embargo, Franklin tenía grandes habilidades para leer, escribir e imprimir, y era trabajador. Se convertiría en un famoso escritor, impresor, **estadista**, **inventor**, y pensador.

Más tarde ese día en Filadelfia, Franklin dio dos de sus panes a una mujer con hijos.

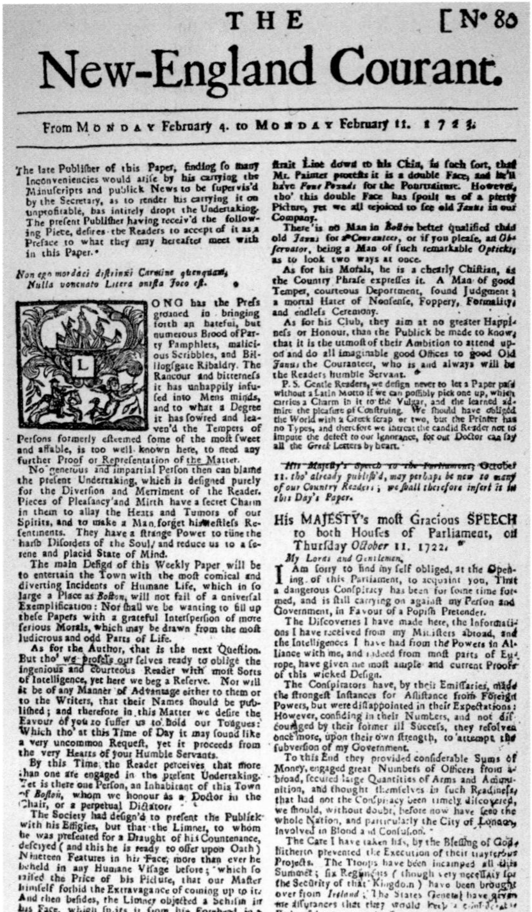

THE New-England Courant.

[Nº 80

From MONDAY February 4. to MONDAY February 11. 1 7 2 3.

The late Publiſher of this Paper, finding ſo many Inconveniencies would ariſe by his carrying the Manuſcripts and publick News to be ſupervis'd by the Secretary, as to render his carrying it on unprofitable, has intirely dropt the Undertaking. The preſent Publiſher having receiv'd the following Piece, deſires the Readers to accept of it as a Preface to what they may hereafter meet with in this Paper.

Non ego mordaci diſtrinxi Carmine quenquam,
Nulla venenato Litera mixta Joco eſt.

LONG has the Preſs groaned in bringing forth an hateful, but numerous Brood of Party Pamphlets, malicious Scribbles, and Billingſgate Ribaldry. The Rancour and bitterneſs it has unhappily infuſed into Mens minds, and to what a Degree it has ſowred and leaven'd the Tempers of Perſons formerly eſteemed ſome of the moſt ſweet and affable, is too well known here, to need any further Proof or Repreſentation of the Matter.

No generous and impartial Perſon then can blame the preſent Undertaking, which is deſigned purely for the Diverſion and Merriment of the Reader. Pieces of Pleaſancy and Mirth have a ſecret Charm in them to allay the Heats and Tumors of our Spirits, and to make a Man forget his reſtleſs Reſentments. They have a ſtrange Power to tune the harſh Diſorders of the Soul, and reduce us to a ſerene and placid State of Mind.

The main Deſign of this Weekly Paper will be to entertain the Town with the moſt comical and diverting Incidents of Humane Life, which in ſo large a Place as *Boſton*, will not fail of a univerſal Exemplification: Nor ſhall we be wanting to fill up theſe Papers with a grateful Interſperſion of more ſerious Morals, which may be drawn from the moſt ludicrous and odd Parts of Life.

As for the Author, that is the next Queſtion. But tho' we profeſs our ſelves ready to oblige the ingenious and courteous Reader with moſt Sorts of Intelligence, yet here we beg a Reſerve. Nor will it be of any Manner of Advantage either to them or to the Writers, that their Names ſhould be publiſhed; and therefore in this Matter we deſire the Favour of you to ſuffer us to hold our Tongues: Which tho' at this Time of Day it may ſound like a very uncommon Requeſt, yet it proceeds from the very Hearts of your Humble Servants.

By this Time the Reader perceives that more than one are engaged in the preſent Undertaking. Yet is there one Perſon, an Inhabitant of this Town of *Boſton*, whom we honour as a Doctor in the Chair, or a perpetual Dictator.

The Society had deſign'd to preſent the Publick with his Effigies, but that the Limner, to whom he was preſented for a Draught of his Countenance, deſcryed (and this he is ready to offer upon Oath) Nineteen Features in his Face, more than ever he beheld in any Humane Viſage before; which ſo raiſed the Price of his Picture, that our Maſter himſelf forbid the Extravagance of coming up to it. And then beſides, the Limner objected a Schiſm in his Face, which ſplits it from his Forehead in a ſtrait Line down to his Chin, in ſuch ſort, that Mr. Painter proteſts it is a double Face, and he'll have Four Pounds for the Pourtraiture. However, tho' this double Face has ſpoilt us of a pretty Picture, yet we all rejoiced to ſee old *Janus* in our Company.

There is no Man in *Boſton* better qualified than old *Janus* for a *Couranteer*, or if you pleaſe, an *Obſervator*, being a Man of ſuch remarkable *Opticks*, as to look two ways at once.

As for his Morals, he is a chearly Chriſtian, as the Country Phraſe expreſſes it. A Man of good Temper, courteous Deportment, ſound Judgment; a mortal Hater of Nonſenſe, Foppery, Formality, and endleſs Ceremony.

As for his Club, they aim at no greater Happineſs or Honour, than the Publick be made to know, that it is the utmoſt of their Ambition to attend upon and do all imaginable good Offices to good Old *Janus* the Couranteer, who is and always will be the Readers humble Servant.

P. S. Gentle Readers, we deſign never to let a Paper paſs without a Latin Motto if we can poſſibly pick one up, which carries a Charm in it to the Vulgar, and the learned admire the pleaſure of Conſtruing. We ſhould have obliged the World with a Greek ſcrap or two, but the Printer has no Types, and therefore we intreat the candid Reader not to impute the defect to our Ignorance, for our Doctor can ſay all the *Greek* Letters by heart.

His Majeſty's Speech to the Parliament, October 11. tho' already publiſh'd, may perhaps be new to many of our Country Readers; we ſhall therefore inſert it in this Day's Paper.

His MAJESTY's moſt Gracious SPEECH to both Houſes of Parliament, on Thurſday *October* 11. 1722.

My Lords and Gentlemen,

I Am ſorry to find my ſelf obliged, at the Opening of this Parliament, to acquaint you, That a dangerous Conſpiracy has been for ſome time formed, and is ſtill carrying on againſt my Perſon and Government, in Favour of a Popiſh Pretender.

The Diſcoveries I have made here, the Informations I have received from my Miniſters abroad, and the Intelligences I have had from the Powers in Alliance with me, and indeed from moſt parts of Europe, have given me moſt ample and current Proofs of this wicked Deſign.

The Conſpirators have, by their Emiſſaries, made the ſtrongeſt Inſtances for Aſſiſtance from Foreign Powers, but were diſappointed in their Expectations: However, confiding in their Numbers, and not diſcouraged by their former ill Succeſs, they reſolved once more, upon their own ſtrength, to attempt the ſubverſion of my Government.

To this End they provided conſiderable Sums of Money, engaged great Numbers of Officers from abroad, ſecured large Quantities of Arms and Ammunition, and thought themſelves in ſuch Readineſs, that had not the Conſpiracy been timely diſcovered, we ſhould, without doubt, before now have ſeen the whole Nation, and particularly the City of *London*, involved in Blood and Confuſion.

The Care I have taken has, by the Bleſſing of God, hitherto prevented the Execution of their trayterous Projects. The Troops have been incamped all this Summer; ſix Regiments (though very neceſſary for the Security of that Kingdom) have been brought over from *Ireland*; The States General have given me aſſurances that they would keep a conſiderable Body of Forces in readineſs to [illegible]

James publicaba un periódico llamado el *New-England Courant*.

Benjamín Franklin nació el 17 de enero de 1706 en Boston, Massachusetts. Era el décimo hijo de su padre, Josiah Franklin. ¡Benjamín tuvo 16 hermanos y hermanas en total!

El padre de Franklin quería que aprendiera un oficio. A los 12 años, Franklin empezó a aprender el negocio de imprenta de su hermano mayor, James.

A Franklin le gustaba leer los periódicos y libros que James imprimía. A los 16 años, Franklin quería escribir para el periódico de James. Sin embargo, su hermano creía que era demasiado joven. Franklin decidió escribir cartas al periódico; las firmaba con el nombre de "Silence Dogood". James y sus amigos consideraban que las cartas eran divertidas e inteligentes, y James las imprimió.

James leía las cartas que Franklin escribía; no sabía que Franklin era "Silence Dogood".

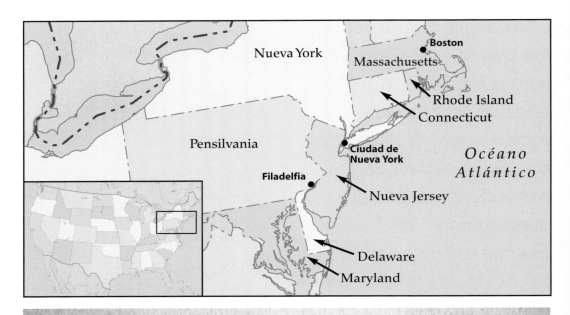

Franklin viajó en un barco de Boston a Nueva York. Después, cruzó a pie parte de Nueva Jersey antes de llegar a Filadelfia en bote de remos.

Franklin finalmente le dijo a James que él escribió las cartas. ¡Los amigos de James apenas podían creer que el adolescente podía escribir tan bien! Sin embargo, James estaba enojado. Pronto, él y Franklin empezaron a pelear. Franklin decidió irse a Filadelfia.

Cuando Franklin llegó a Filadelfia, encontró un empleo en una imprenta. También se quedó con la familia Read e hizo amistad con la hija de los Read, Deborah.

Franklin trabajó muy duro como impresor, pero quería tener su propia imprenta. El gobernador de Pensilvania notó lo duro que trabajaba Franklin. Prometió a Franklin darle dinero para equipo de imprenta si iba a Inglaterra a comprarlo.

El gobernador de Pensilvania, el señor William Keith *(en verde)*, quería ayudar a Franklin.

© North Wind Picture Archives

Deborah Read estaba feliz de ver a Franklin cuando regresó a Filadelfia. ¡No se veía como el muchacho a quien alguna vez vio llevando pedazos de pan!

En 1724, Franklin partió hacia Inglaterra. Mientras viajaba, descubrió que el gobernador había roto su promesa. ¡Franklin no tenía dinero para el equipo de imprenta ni para regresar a su casa! Sin embargo, no estaba asustado. Cuando llegó a Inglaterra, rápidamente trabajó para ganar dinero.

En 1726, Franklin finalmente regresó a Filadelfia. Ahí, se casó con Deborah Read. Juntos tendrían dos hijos y una hija.

Capítulo 2

El impresor y escritor

Dos años después de que Franklin regresó, encontró un socio para su negocio. Por fin, abrió su propia imprenta. Franklin empezó a publicar un periódico que pronto se hizo el más popular en las **colonias**.

Franklin también escribió un **almanaque** anual llamado Poor Richard's Almanack que tenía reportes sobre el tiempo y otra información. Franklin incluyó sus propios refranes, como "Un centavo ahorrado es un centavo ganado".

S

Poor Richard, 1733.

AN

Almanack

For the Year of Christ

1733,

Being the First after LEAP YEAR:

And makes since the Creation Years

By the Account of the Eastern *Greeks* 7241

By the Latin Church, when ☉ ent. ♈ 6932

By the Computation of *W.W* 5742

By the *Roman* Chronology 5682

By the *Jewish* Rabbies 5494

Wherein is contained

The Lunations, Eclipses, Judgment of the Weather, Spring Tides, Planets Motions & mutual Aspects, Sun and Moon's Rising and Setting, Length of Days, Time of High Water, Fairs, Courts, and observable Days

Fitted to the Latitude of Forty Degrees, and a Meridian of Five Hours West from *London*, but may without sensible Error, serve all the adjacent Places, even from *Newfoundland* to *South-Carolina.*

By *RICHARD SAUNDERS*, Philom.

PHILADELPHIA:

Printed and sold by *B. FRANKLIN*, at the New Printing Office near the Market.

The Third Impression.

Durante los años 1730 y los 1740, Franklin trabajó para mejorar la vida de los habitantes de Filadelfia. Organizó un departamento de bomberos voluntarios, y encontró maneras de pavimentar y alumbrar las calles. También organizó una biblioteca pública, de modo que todos pudieran tener libros para leer sin pagar.

En 1751, Franklin también ayudó a fundar el Pensilvania Hospital en Filadelfia, el hospital más antiguo de Estados Unidos.

En 1748, Franklin abandonó el negocio de imprenta. Sólo tenía 42 años, pero deseaba pasar tiempo estudiando ciencias y ayudando al gobierno. Franklin ya había inventado algunas cosas útiles, entre ellas la estufa Franklin, y aletas para nadar.

La estufa Franklin usaba menos madera que una chimenea, y producía más calor.

Franklin también hizo muchos experimentos con la electricidad. En esa época, no se sabía exactamente qué era el rayo. Franklin probó que era electricidad. Sus obras sobre electricidad se publicaron en Inglaterra y Francia. Pronto se le conoció como un gran científico.

Franklin quería ver si el rayo en realidad era electricidad. Hizo volar una cometa durante una tormenta. Tuvo que ser cuidadoso. Un rayo podía lastimarlo o matarlo.

Capítulo 3

Un gran estadista

En 1757, los habitantes de Pensilvania pidieron ayuda a Franklin. Estaban descontentos con la familia Penn que los gobernaba. Enviaron a Franklin a visitar al rey de Gran Bretaña para hablar de los problemas. El rey gobernaba todas las colonias, incluso Pensilvania.

Franklin regresó de Gran Bretaña en 1762, pero pronto se le pidió regresar. Inmediatamente después de que Franklin llegó a Inglaterra, el Parlamento Británico aprobó una ley que imponía impuestos a las colonias. Los colonos consideraron que la ley era injusta. ¡Estaban enojados!

Franklin pidió al Parlamento Británico que eliminara la ley. Finalmente, Franklin se dio cuenta de que a los británicos no les importaba lo que los colonos pensaran. Supo que era hora de que las colonias fueran independientes.

Franklin trató de decir a los británicos que los habitantes de las colonias estaban enojados. No le hicieron caso.

Franklin regresó a Filadelfia en 1775, justo un mes después de que se disparara el primer tiro de la **Guerra de Independencia**. Se reunió con los líderes de las otras colonias para hablar sobre la independencia.

El 4 de julio de 1776, los líderes de las colonias aprobaron la **Declaración de Independencia**. Franklin fue uno de los que la firmaron.

Los líderes de las colonias sabían que Franklin era popular en Francia, y que necesitaban la ayuda de ese país para ganar la guerra. Enviaron a Franklin a Francia para hablar con el rey. En 1778, Franklin finalmente convenció al rey de que ayudara a los colonos.

Franklin se reunió con el rey Luis de Francia, y firmó un acuerdo con él. El rey enviaría barcos para ayudar a los colonos a luchar contra los británicos.

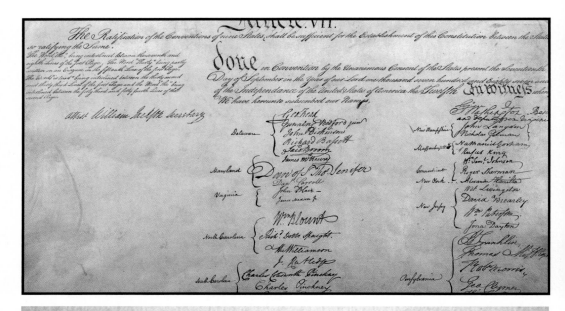

En 1787, Franklin se reunió con los líderes de las colonias para firmar la Constitución de Estados Unidos, que era un plan para el gobierno de la nueva nación.

Con la ayuda de los barcos de Francia, los colonos ganaron la batalla de Yorktown — y la Guerra de Independencia. ¡Las colonias eran libres! Franklin finalmente volvió a casa en 1785. Fue recibido como un héroe que ayudó a ganar la guerra.

Franklin murió el 17 de abril de 1789. Había llegado a Filadelfia siendo un niño con sólo algunos peniques en el bolsillo. Cuando murió, se le conocía como un gran estadista, escritor y pensador. Ahora, en la ciudad de Filadelfia muchos lugares llevan el nombre de este hombre asombroso y trabajador.

El Franklin Institute en Filadelfia hace honor al trabajo de Benjamín Franklin en las ciencias. También tiene muchos objetos que alguna vez fueron de Franklin.

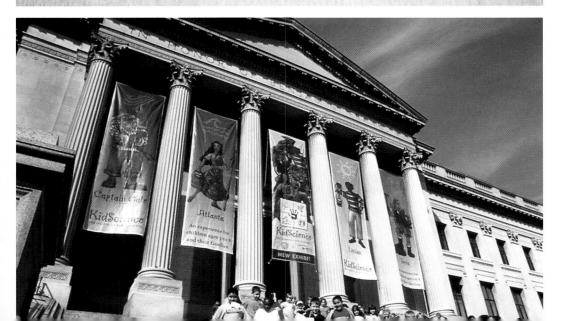

Glosario

almanaque — un libro que contiene diversos tipos de información, por ejemplo, sobre el tiempo, a menudo organizada según las temporadas del año

colonias — tierras y personas gobernadas por otro país

Declaración de Independencia — la declaración hecha por las colonias en la cual dicen a Gran Bretaña que eran libres

estadista — un líder o trabajador respetado del gobierno

Guerra de Independencia — la guerra entre Gran Bretaña y sus colonias en América por la independencia de las colonias

impuestos — cuota impuesta por el gobierno para pagar los servicios del gobierno

inventor — alguien que crea o diseña un objeto por vez primera

oficio — la práctica especializada de un trabajo específico

Parlamento — la parte del gobierno británico y de otros países, que hace leyes

voluntario — describe el trabajo hecho sin paga

Para más información

Libros

Benjamin Franklin. Lives and Times (series). Jennifer Blizin Gillis (Heinemann)

Benjamin Franklin. Real People (series). Philip Abraham (Scholastic Library)

Benjamín Franklin: Político e inventor estadounidense. Grandes Personajes en la historia de los Estados Unidos (series). Maya Glass (Rosen Publishing Group)

Now and Ben: The Modern Inventions of Benjamin Franklin. Gene Barretta (Henry Holt and Company)

Índice

Acerca de la autora

Monica L. Rausch tiene una maestría en formación literaria
por la Universidad de Wisconsin-Milwaukee, donde actualmente
da clases sobre composición, literatura y redacción creativa.
Le gusta escribir sobre ficción pero también le divierte escribir
sobre hechos reales. Monica vive en Milwaukee cerca de sus
seis sobrinos a quienes le encanta leerles cuentos.